사이언스 리더스

개구리가 폴짝!

엘리자베스 카니 지음 | 송지혜 옮김

비룡소

엘리자베스 카니 지음 | 미국 뉴욕 브루클린에 살며 작가이자 편집자이다. 어린이 지식책과 과학, 수학 잡지 등에 주로 글을 쓴다. 2005년 미국과학진흥협회(AAAS)에서 주는 과학 저널리즘상 어린이 과학 보도 부문을 받았다.

송지혜 옮김 | 부산대학교에서 분자생물학을 전공하고, 고려대학교에서 과학언론학으로 석사 학위를 받았다. 현재 어린이를 위한 과학책을 쓰고 옮기고 있다.

내셔널지오그래픽 키즈 사이언스 리더스
LEVEL 1 개구리가 폴짝!

1판 1쇄 찍음 2025년 8월 20일 1판 1쇄 펴냄 2025년 9월 15일
지은이 엘리자베스 카니 옮긴이 송지혜 펴낸이 박상희 편집장 전지선 편집 이가윤 디자인 천지연
펴낸곳 (주)비룡소 출판등록 1994.3.17.(제16-849호) 주소 06027 서울시 강남구 도산대로1길 62 강남출판문화센터 4층
전화 02)515-2000 팩스 02)515-2007 홈페이지 www.bir.co.kr 제품명 어린이용 반양장 도서 제조자명 (주)비룡소
제조국명 대한민국 사용연령 3세 이상 ISBN 978-89-491-6936-1 74400 / ISBN 978-89-491-6900-2 74400 (세트)

NATIONAL GEOGRAPHIC KIDS READERS LEVEL 1
FROGS! by Elizabeth Carney
Copyright © 2009 National Geographic Partners, LLC.
2025 Edition Copyright © 2025 National Geographic Partners, LLC.
Korean Edition Copyright © 2025 National Geographic Partners, LLC.
All rights reserved.
NATIONAL GEOGRAPHIC and Yellow Border Design are trademarks of
the National Geographic Society, used under license.
이 책의 한국어판 저작권은 National Geographic Partners, LLC.에 있으며, (주)비룡소에서 번역하여 출간하였습니다.
저작권법에 의해 한국 내에서 보호를 받는 저작물이므로 무단 전재와 무단 복제를 금합니다.

사진 저작권 Cover, Digital Vision; 1, Shutterstock; 2, Michael & Patricia Fogden/Minden Pictures; 4-5, Michael Durham/Minden Pictures; 6, Pete Oxford/Minden Pictures; 7 (UP), Joe McDonald/Getty Images; 7 (LO LE), Roger Wilmshurst/Frank Lane Picture Agency; 7 (LO RT), Gallo Images/age fotostock; 8, Norbert Wu/Superstock; 9, Gerald Lopez/Associated Press; 10-11, Mark Moffett/Minden Pictures; 12, Visuals Unlimited; 13 (UP), Pete Oxford/Nature Picture Library; 13 (LO), Jupiter Images/Getty Images; 14, SmileStudio/Shutterstock; 14-15, Buddy Mays/Alamy Stock Photo; 16, Steve Winter/National Geographic Image Collection; 17, Mark Moffett/Minden Pictures; 18 (UP), Michael & Patricia Fogden/Minden Pictures/Getty Images; 18 (LO), Michael Lustbader/Science Source; 19 (UP), Christian Ziegler/Danita Delimont Agency; 19 (LO), Digital Vision; 20-21, Jupiter Images/Getty Images; 21 (UP), Juniors Bildarchiv GmbH/Alamy Stock Photo; 21 (LO), Pete Oxford/Minden Pictures; 22-23, Glow Images/Getty Images; 24, Christian Ziegler; 25, Robert Clay/Alamy Stock Photo; 26 (UP), Paula Gallon; 26 (LO), Michael & Patricia Fogden/Minden Pictures; 27 (UP), Dr. Morley Read/Shutterstock; 27 (LO), Carol Wien/Mira Images; 28, Don Farrall/Photodisc/Getty Images; 29, Dorling Kindersley/Getty Images; 30 (UP), Geoff Brightling/Dorling Kindersley; 30 (LE), Michael & Patricia Fogden/Minden Pictures; 31 (UP both), Joel Sartore/National Geographic Photo Ark/National Geographic Image Collection; 31 (LO), David A. Northcott/Corbis Documentary/Getty Images; 32 (UP LE), BDougherty/Pixabay; 32 (UP RT), Gallo Images/age fotostock; 32 (LO LE), Due Daly/Nature Picture Library; 32 (LO RT), Paula Gallon

이 책의 차례

두근두근 동물 퀴즈!	4
개구리 울음소리	8
쩝쩝, 개구리 밥상!	12
크기도 색도 무늬도 다 달라!	16
무서운 독을 조심해!	20
개구리가 어릴 적	24
개구리와 두꺼비는 친구	28
깜짝! 별난 개구리들	30
이 용어는 꼭 기억해!	32

두근두근 동물 퀴즈!

태평양청개구리가 연못으로 힘차게 점프하고 있어!

첨벙, 첨벙.
물속에서 헤엄치는 소리가 들려.

폴짝폴짝!
이리저리 뛰어다니다
곤충도 꿀꺽 삼키지.

헤엄치기도 잘하고, 뛰기도 잘하는
이 동물은 뭘까?

바로 **개구리야!**

Q 개구리가 자신 있어 하는 신체 부위는?

A 옆구리

개구리는 **남극**을 뺀 전 세계에 **서식지**가 있어.
개구리는 보통 축축한 곳을 좋아해. 강, 호수,
연못 같은 데서 자주 볼 수 있지. 그런데 모든
개구리가 물가에만 사는 건 아니야. 어떤
개구리는 나무에 살기도 하고, 심지어
사막에 사는 개구리도 있지.

이처럼 개구리는 다양한 곳에서 지낼 수 있어.
개구리의 서식지가 많은 이유, 이제 알겠지?

안데스유대류개구리야. 아주 높은 산속 계곡에서 주로 지내.

빨간눈청개구리는 따뜻하고
축축한 숲에서 살지.

개구리 용어 풀이

남극: 지구의 남쪽 맨 끝에 있는 아주 춥고 얼음으로 뒤덮인 땅.

서식지: 동물이나 식물이 살아가는 보금자리.

웃는개구리는
연못이나 습지처럼
물이 많은 곳을 좋아해.

황소개구리가 축축한 흙 속에
몸을 숨긴 채 쉬고 있어.

개구리 울음소리

청개구리가 울음주머니를 한껏 부풀려서 울음소리를 내고 있어! 참, 청개구리는 초록색 말고 다른 색을 띠기도 해.

개구리는 다 개굴개굴 울까? 많은 개구리가 울음주머니를 부풀려서 소리를 내. 하지만 개구리마다 울음소리가 다르지.

코키개구리는 울음소리를 따서 지은 이름이야. "코키! 코키!" 하고 울거든. 몸은 100원짜리 동전만큼 작지만, 울음소리는 무척 커!

코키개구리가 울음주머니를 빵빵하게 부풀렸어!

개구리가 울음소리를 내는 이유는 정말 다양해. 어떨 땐 다른 개구리에게 위험을 알리려고 울고, 어떨 땐 가까이에 있는 개구리를 부르려고 울지.

수컷 춤추는개구리가 암컷을 유혹하려고 춤을 추고 있어.

어떤 개구리는 소리가 아니라 몸짓으로 이야기하기도 해. 시끄러운 폭포 주변에 사는 춤추는개구리가 그렇지. 폭포 주변은 물이 쏟아지는 소리가 커서 울음소리가 잘 안 들려. 그래서 춤추는개구리는 우는 대신 춤을 춰! 어떻게? 뒷다리를 한쪽씩 번갈아 가면서 쭉쭉 뻗는 거야!

쩝쩝, 개구리 밥상!

개구리가 가장 좋아하는 먹이는 뭘까? 바로 곤충이야. 잠자리, 귀뚜라미 같은 여러 곤충을 즐겨 먹지.

초록황소개구리가 잠자리를 덥석 물었어!

Q 잠을 자려고 늘 누워 있는 곤충은?

A 잠자리

아마존뿔개구리는 커다란 쥐도 통째로 먹을 수 있어.

가재나 쥐처럼 큰 동물을 먹는 개구리도 있어. 황소개구리는 심지어 다른 개구리까지 잡아먹는대!

으악! 황소개구리가 다른 개구리를 꿀꺽꿀꺽 삼키고 있어.

개구리는 길고 끈적한 분홍색 혀로 무엇을 할까? 먹이를 사냥해! 날아가는 곤충이 보이면 혀를 총알처럼 빨리 쭉 내밀지. 그리고 혀끝에 탁 걸린 곤충을 입안으로 다시 둘둘 말아 넣어.

봐, 개구리는 몸에 비해 혀가 정말 길어. 사람한테 개구리처럼 긴 혀가 있다면 혀끝이 배꼽에 닿을걸?

개구리는 혀가 몸통만큼 길어!

크기도 색도 무늬도 다 달라!

개구리는 크기가 무척 다양해.

어떤 개구리는 손톱만 하고, 어떤 개구리는 토끼만 하지.

에계, 마이크로개구리는 몸길이가 2센티미터도 안 돼.

세계에서 몸집이 가장 큰 골리앗개구리야! 몸길이가 최대 32센티미터나 되고, 다리를 쭉 펴면 70센티미터도 넘지. 몸무게도 3킬로그램 가까이 된대.

개구리는 몸 색깔도, 무늬도 여러 가지야.

호랑이줄무늬청개구리는 배에 호랑이처럼 생긴 줄무늬가 있어.

아마존독화살개구리는 몸에 두 가지 무늬가 있어. 등에는 줄무늬, 다리에는 점무늬가 있지.

딸기독화살개구리는 딸기를 꼭 닮았어!
피부는 빨갛고, 그 위에 딸기 씨앗처럼
생긴 까만 점들이 콕콕 나 있거든.

청독화살개구리의 피부는
새파란 색을 띠어.

무서운 독을 조심해!

이 개구리들, 정말 화려하지? 알록달록한 색깔 때문에 더 멋져 보여. 그런데 예쁘다고 가까이 가면 안 돼! 피부에 **독**이 있거든. 사실 눈에 확 띄는 피부색은 자기를 먹으면 큰일 난다고 적에게 알리는 경고야.

푸른다리만텔라는 개미와 흰개미를 잡아먹으면서 몸에 독을 만들어.

아마존 원주민들은 범블비독화살개구리의 독을 화살촉에 묻혀서 사냥할 때 썼대.

키키독개구리는 빨간색, 노란색, 주황색 등 개구리마다 색깔이 조금씩 달라.

개구리 용어 풀이

독: 몸에 해롭거나 목숨을 해칠 수 있는 물질.

황금독화살개구리는 몸길이가 보통 겨우 4.5센티미터래. 정말 작지? 그런데 이 작은 개구리가 지구에서 가장 위험한 동물 중 하나야. 아주 강력한 독이 있거든! 황금독화살개구리 한 마리의 독으로 쥐 2만 마리를 죽일 수 있을 정도야.

Q 세상에서 가장 시끄러운 굴은?

A 개굴개굴

황금독화살개구리
한 마리의 독으로 사람 열 명도
죽일 수 있대. 덜덜덜.

개구리가 어릴 적

모든 개구리에게는 어미가 있어. 무시무시한 황금독화살개구리라고 해도 말이야. 어미 개구리는 알을 낳아. 그리고 10~20일쯤 지나면 그 알에서 **올챙이**가 태어나지. 올챙이는 개구리의 새끼야.

빨간눈청개구리의 알이야. 물컹한 알 속에서 자라는 중인 올챙이가 보이니?

태평양청개구리의 올챙이 적 모습이야. 뒷다리가 쏙 나왔어.

올챙이는 꼬리가 있고, 물속에서만 살아.
아직은 개구리랑 좀 다르게 생겼지?

알에서 나온 올챙이는 두세 달 동안 쑥쑥 자라서 개구리가 돼.

올챙이

아가미

1 갓 태어난 올챙이는 물속에서 아가미로 숨을 쉬어.

빨간눈청개구리 올챙이

개구리 용어 풀이 
아가미: 사람의 폐처럼 물속에 사는 동물이 숨 쉴 때 쓰는 기관.

2 알에서 나온 지 3~4일이 지나면 폐가 생기기 시작해. 개구리처럼 땅으로 올라와 공기를 마실 준비를 하는 거야.

3

올챙이가 태어난 지 20일쯤 지나면 뒷다리가 먼저 쏙 나와. 10일이 더 지나면 앞다리도 생기지.

원숭이개구리 올챙이

황소개구리

4

태어나고 세 달이 되면 꼬리가 점점 사라져.

짠, 올챙이가 다 커서 개구리가 됐어. 이제 물 밖으로 나올 시간이야!

개구리와 두꺼비는 친구

두꺼비는 개구리의 한 종류야.

개구리

독이 없는 개구리도 있어.

피부가 촉촉하고 매끄러워.

위턱에 이빨이 있어.

길고 힘센 다리로 폴짝 뛰어다녀. 뒷다리 발가락 사이에는 얇은 막인 물갈퀴가 있어서 헤엄치기 좋아.

알을 덩어리 모양으로 뭉쳐서 낳아.

하지만 자세히 보면 둘은 다른 점이 많아.
개구리는 물가에 살고, 두꺼비는 땅에서
더 오랜 시간을 보내거든. 사는 곳에 맞춰
생김새도 서로 다르지. 자, 비교해 볼까?

두꺼비

눈 뒤쪽에 독을 만드는 샘이 있어.

피부가 말라 있고 울퉁불퉁해.

이빨이 없어.

알을 길게 이어진 사슬 모양으로 낳아.

짧고 튼튼한 다리로 천천히 걸어 다녀.

깜짝! 별난 개구리들

두 얼굴의 마술사

머리 두 개가...

...하나보다 낫지!

앗, 깜짝이야!
네눈박이개구리는
등에 얼굴처럼 보이는 무늬로
적을 감쪽같이 속여!

하늘 높이 점프!

슈욱!

새처럼, 비행기처럼!

월리스날개구리 등장!

잘 봐!
월리스날개구리는
한 번의 점프로 15미터를 날아갈 수 있어!

버젯개구리는
위협을 느끼면
**커다란 입으로
비명을 질러서**
적을 깜짝 놀라게 해!

악마의 비명

꾸아아아
아아아악!

꾸아악!

숨바꼭질 대장

보일 듯 말 듯!

베트남이끼개구리는
**변장의
천재야!**
이끼 속에 숨으면
어미도 못 찾을걸?

남극
지구의 남쪽 맨 끝에 있는 아주 춥고 얼음으로 뒤덮인 땅.

서식지
동물이나 식물이 살아가는 보금자리.

이 용어는 꼭 기억해!

독
몸에 해롭거나 목숨을 해칠 수 있는 물질.

아가미

아가미
사람의 폐처럼 물속에 사는 동물이 숨 쉴 때 쓰는 기관.